Stefanie Drecktrah

# Das Förderheft Deutsch 2

Rechtschreib- und Grammatiktraining

Name: ______________________

Klasse: ____________

Mildenberger

# Inhaltsverzeichnis

# Inhaltsverzeichnis

## *Nomen*

Nomen sind Namen von Menschen, Tieren und Dingen.

**1** Trage die Nomen richtig ein.

~~Opa~~ Apfel Mama Gurke
Vater Tochter Nudel Kuchen

| **Menschen** | **Essen** |
| --- | --- |
| Opa | |
| | |
| | |
| | |

**2** Trage die Nomen richtig ein.

Gabel Hase Lama
Fenster Hose ~~Ente~~

| **Tiere** | **Dinge** |
| --- | --- |
| Ente | |
| | |
| | |

## *Artikel*

Vor den Nomen stehen oft die Artikel **der**, **die**, **das** oder **ein**, **eine**.

**1** Welcher Artikel passt? – der, die oder das?

| | | | |
|---|---|---|---|
| der | Affe | | Hand |
| | Gurke | | Tiger |
| | Birne | | Schule |
| | Fenster | | Tasche |
| | Mädchen | | Haus |

**2** Welcher Artikel passt? – ein oder eine?

| | | | |
|---|---|---|---|
| ein | Affe | | Hand |
| | Gurke | | Tiger |
| | Birne | | Schule |
| | Fenster | | Tasche |
| | Mädchen | | Haus |

## *der-die-das-Probe*

Nomen schreibt man groß. Du kannst sie erkennen, wenn ein Artikel **der**, **die**, **das** oder **ein**, **eine** davorpasst.

**1** Unterstreiche alle Nomen.

käfer klein fenster auto nass erde ente
geht wolke hase mit ampel sagt

**2** Schreibe alle Nomen mit Artikel zweimal.

der Käfer, ein Käfer

1 Trage die fehlenden Buchstaben des Abc ein.

2 Trage die fehlenden Namen ein. Folge dabei dem Abc.

| | |
|---|---|
| A | Anja |
| B | Ben |
| C | Cora |
| | |
| E | Emil |
| | |
| G | Greta |
| | |
| I | Ina |
| | Jana |
| K | Kadir |
| | |
| M | Murat |
| N | Nico |
| O | |
| | Paul |
| Q | Quentin |
| | |
| S | Sina |
| T | Tim |
| | |
| V | Viktor |
| W | |
| X | Xaver |
| Y | Yusuf |
| | Zora |

**1** Trage die Nomen richtig ein.

~~Affe~~ Fensters Auto Rabe

Gabel Löwe Ente Tasche

| Tiere | Dinge |
|---|---|
| Affe | |
| | |
| | |
| | |

**2** Welcher Artikel passt? – der, die oder das?

| | | | |
|---|---|---|---|
| der | Tiger | | Tasche |
| | Gurke | | Auto |
| | Telefon | | Käfer |

**3** Welcher Artikel passt? – ein oder eine?

| | | | |
|---|---|---|---|
| ein | Tiger | | Tasche |
| | Gurke | | Auto |
| | Telefon | | Käfer |

**1** Unterstreiche alle Nomen.

| | | | | | |
|---|---|---|---|---|---|
| ~~Ente~~ | Lama | mit | Auto | Wolke | lustig |
| Nudel | klein | Rabe | Käse | sagt | |

**2** Schreibe alle Nomen mit Artikel zweimal.

die Ente, eine Ente

**3** Ergänze das Abc.

## *Verben: wir-Form*

Die wir-Form ist wie die Grundform der Verben.

**malen – wir malen**

**1** Schreibe Sätze.

| hören | ~~malen~~ | kochen | lesen |
|---|---|---|---|

Wir malen Bilder.

Wir ________ Musik.

Wir ________ Bücher.

Wir ________ Nudeln.

**2** Schreibe Sätze.

| liegen | gehen | ~~laufen~~ | stehen |
|---|---|---|---|

Wir laufen zur Schule.

Wir ________ an der Ampel.

Wir ________ nach Hause.

Wir ________ im Bett.

## Verben: er-Form

Die er-Form endet auf -t.

**spielen – er spielt**

**1** Schreibe die er-Formen zweimal.

spielen er spielt, er spielt

bauen

denken

fragen

holen

rufen

**2** Verbinde die Wörter, die zusammengehören.

| | |
|---|---|
| bleiben | er heißt |
| fegen | er legt |
| heißen | er bleibt |
| legen | er fegt |

**1** Unterstreiche alle Nomen.
Denke an die der-die-das-Probe.

~~bruder~~ auto lama der eule
mit name wolke holen

**2** Schreibe die Nomen mit Artikel zweimal.

der Bruder, ein Bruder

**3** Unterstreiche die drei Nomen.

die eltern spielen ball mit den kindern.

**4** Schreibe den Satz richtig auf.

Die Eltern

**1** Welche Artikel haben die Wörter? Male an.

der = blau die = rot das = grün

~~Hase~~ Fenster Käse

Auto Erde Hose Lama

Gabel Birne

Onkel Haus Name

**2** Schreibe alle Nomen mit Artikel in die richtige Spalte.

**der**

der Hase

**die**

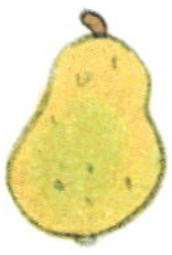

**das**

## *Umlaute*

Bei vielen Wörtern mit a und au wird die Mehrzahl mit ä und äu gebildet.

**a → ä:** **Gans → Gänse**
**au → äu:** **Maus → Mäuse**

**1** Ergänze die Nomen zur Mehrzahl. Nimm einen grünen Stift.

 Gänse
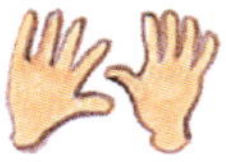 Hand
 Nacht
 Ast
 Baum
 Haus

**2** Schreibe die Wörter ab.
Verwende für die zwei Silben zwei Farben.

~~Gänse~~ Hände Nächte Äste Bänke
Läuse Mäuse Bäume Häuser

Gänse

**3** Bilde die Verben in der er-Form.
Auch hier: a → ä, au → äu

halten laufen tragen

er hält

## Adjektive

Adjektive sagen uns, wie etwas ist.
Wir schreiben sie klein: **gelb**, **schön**, **klein**, …

**1** Unterstreiche die Adjektive.

~~lieb~~ neu eng geben mutig helfen
gut blau der lesen üben

**2** Was passt? Ordne die Adjektive zu.

| **Kind** | **Hose** |
| --- | --- |
| lieb | |
| | |
| | |

**3** Ordne zu.

~~frisch~~ hart kalt

Der Fisch ist frisch .

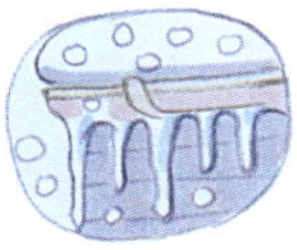
Das Eis ist ______ .

Das Brot ist ______ .

**1** Verbinde die Wörter, die zusammengehören.

| | | | |
|---|---|---|---|
| klein | oben | weich | laut |
| alt | groß | süß | hart |
| unten | neu | leise | kurz |
| eng | weit | lang | sauer |

**2** Bilde Sätze. Die Wörter aus Aufgabe 1 helfen dir.

Das ist nicht groß, sondern klein. 

Das ist nicht unten, sondern ______. 

Das ist nicht süß, sondern ______. 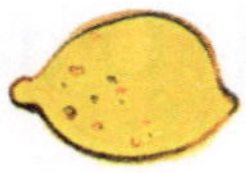

Das ist nicht weich, sondern ______. 

Das ist nicht laut, sondern ______. 

Das ist nicht lang, sondern ______. 

**1** Ergänze die fehlenden Formen.

lieben 

ich liebe
du liebst
er liebt
wir lieben

denken 

ich denke
du denkst
er
wir

folgen 

ich folge
du folgst
er
wir

hören 

ich höre
du hörst
er
wir

**2** Ordne die fehlenden Formen zu.

| gibst | geben | ~~gebe~~ | gibt |
|---|---|---|---|

geben

ich gebe
du
er
wir

**1** Schreibe die Wörter mit ß.

weiß heißen heiß groß fleißig ~~Fuß~~

Fuß

**2** Welches Wort mit ß wird gesucht?

beißen Gruß reißen ~~Spaß~~

Im Garten spielen macht Spaß .

Einen ______ schreibt man am Ende eines Briefes.

Manche Hunde ______ .

Manche Seile können ______ .

**1** Wer macht was? Ordne die Verben zu.

| | | | | | |
|---|---|---|---|---|---|
| ru | ~~schie~~ | fe | ma | trin | wei |
| gen | nen | ~~ben~~ | fen | len | ken |

Sina: den Wagen …

schieben

Olga: Limo …

Dana: leise …

Nico: laut …

Yusuf: den Boden …

Ben: ein Bild …

**2** Schreibe mit den Wörtern aus Aufgabe 1 ganze Sätze.
Achtung! Denke an die er-Form.

Sina schiebt den Wagen.

**1** Ergänze die fehlenden Formen.

denken

ich denke

du denkst

er

wir

ich male

du malst

er

wir

ich fege

du fegst

er

wir

ich liebe

du liebst

er

wir

**2** Schreibe die richtigen Artikel – der, die oder das?

die Birne

Name

Haus

Bruder

Wolke

Auto

**1** Schreibe die Mehrzahl.

eine Gans – viele Gänse

ein Ast – viele

eine Maus – viele

ein Haus – viele

**2** Schreibe die er-Form.

wir halten – sie hält

wir laufen – er

wir tragen – sie

**3** Ergänze den Gegensatz.

nicht neu, sondern alt

nicht leise, sondern

nicht schwarz, sondern

nicht kalt, sondern

nicht klein, sondern

**1** Schreibe die Wörter so: K o f | f e r

 m / mm ? Hu ⬮ el

 t / tt ? Mu ⬮ er

 l / ll ? be ⬮ en

**2** Schreibe die Wörter so: Kof | fer

 s / ss ? Wa ⬮ er

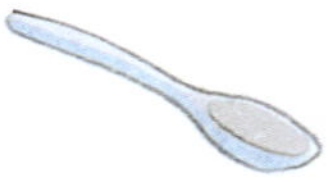 f / ff ? Lö ⬮ el

 n / nn ? re ⬮ en

**3** Klatsche die Wörter. Kommt ein Doppelkonsonant in die Mitte?

 n / nn ? So ⬮ e — Son | ne

 s / ss ? Ho ⬮ e

 m / mm ? Hi ⬮ el

Wörter wie  hatten früher auch einen Doppelkonsonanten: kk.

Heute schreibt man diese Wörter mit ck: Dackel.

**1** Schreibe die Wörter mit ck.

| | | | |
|---|---|---|---|
| Da __ el | Dackel | Rö __ e | |
| Zu __ er | | ba __ en | |

**2** Kommen ein oder zwei Konsonanten in die Mitte?

| | | | | | |
|---|---|---|---|---|---|
| k / ck ? | De __ e | Decke | p / pp ? | Pu __ e | |
| t / tt ? | Bu __ er | | t / tt ? | We __ er | |
| k / ck ? | Glo __ e | | k / ck ? | De __ el | |

Klatschen und in Silben sprechen hilft übrigens auch bei solchen Wörtern: besser ...

**3** Schreibe die Wörter.

| | | | | | |
|---|---|---|---|---|---|
| s / ss ? | be __ er | besser | t / tt ? | fe __ er | |
| k / ck ? | di __ er | | l / ll ? | to __ er | |

**1** Schreibe die Wörter mit ng zweimal.

der Ju__e — der Junge, ein Junge

der Fi__er

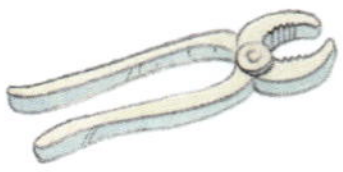
die Za__e

der E__el

die Zu__e

**2** Schreibe die Wörter mit ng zweimal.

~~gen~~ fan ~~sin~~ gen gen brin

singen, singen

**3** Schreibe die Wörter auf die richtige Linie.

singen | ~~singen~~ sinken | 

Ringe Ranke

düngen denken

**1** Unterstreiche:

Nomen = gelb   Verben = grün   Adjektive = blau

| | | | | | |
|---|---|---|---|---|---|
| ~~Dackel~~ | ~~packen~~ | dick | Rücken | Decke | lecker |
| Socke | lecken | Hecke | Zucker | Ecke | backen |

**2** Schreibe die Nomen aus Aufgabe 1 so auf: der Dackel

**3** Schreibe die Verben so auf: packen – er packt

–

–

**4** Ergänze das fehlende Adjektiv.

Die Bretter sind aber ______.

Das Essen schmeckt ______.

**1** Ordne die Verben zu.

backen ~~schmücken~~ lecken stricken

Die Kinder … die Hecke. 

schmücken

Oma und Til … Socken. 

Peter … Kekse. 

Lea … am Eis. 

**2** Schreibe mit den Wörtern aus Aufgabe 1 ganze Sätze.
Beachte: Brauchst du die wir-Form oder die er-Form?

Die Kinder schmücken die Hecke.

**3** Ergänze die fehlenden Formen.

stecken – ich stecke

denken – ich

– er drückt

– er packt

– sie nickt

trinken – ich

Denke an die verschiedenen Formen bei Verben:
Die ich-Form endet auf -e.
Die du-Form auf -st oder -ßt.

Die er-Form endet auf -t.
Die wir-Form ist wie die Grundform:
ich male, du malst,
er malt, wir malen.

**1** Ergänze die fehlenden Formen.

backen 

ich ______
du backst
er ______
wir ______

heißen 

ich ______
du heißt
er ______
wir ______

**2** Ergänze die fehlende Form.

fangen – wir fangen
rennen – er ______
hocken – ich ______
fegen – ich ______
beißen – er ______
______ – es reißt
______ – wir nicken
singen – ich ______
______ – du grüßt
______ – wir denken

## d oder t? b oder p? g oder k?

Einsilbige Wörter werden am Ende oft hart ausgesprochen. In der zweisilbigen Form kannst du den richtigen Buchstaben hören, z. B.

Pfer ⬭ → Pferde → Pferd

**1** d oder t? Schreibe zuerst die zweisilbige Form. Schreibe dann das einsilbige Wort auf.

 d/t? Kin ⬭ Kinder Kind

 d/t? Bil ⬭ ______ ______

 d/t? Hun ⬭ ______ ______

**2** b oder p? Schreibe zuerst die zweisilbige Form.

 b/p? Kor ⬭ ______ ______

 b/p? Die ⬭ ______ ______

**3** g oder k? Schreibe zuerst die zweisilbige Form.

 g/k? Ber ⬭ ______ ______

 g/k? Ta ⬭ ______ ______

 g/k? We ⬭ ______ ______

**1** g oder k? Schreibe zuerst die zweisilbige Form.

| | | | |
|---|---|---|---|
| g k ? | er le ⬮ t | wir legen | er legt |
| g k ? | er fra ⬮ t | | |
| g k ? | er zei ⬮ t | | |
| g k ? | er ja ⬮ t | | |

**2** b oder p? Schreibe zuerst die zweisilbige Form.

| | | | |
|---|---|---|---|
| b p ? | er le ⬮ t | wir leben | er lebt |
| b p ? | er ü ⬮ t | | |
| b p ? | er blei ⬮ t | | |

**3** Schreibe das Wort. Überlege dir zuerst die zweisilbige Form.

| | | |
|---|---|---|
| g k ? | lie ⬮ t | Jonas liegt im Bett. |
| g k ? | spu ⬮ t | Ein Geist ______ in der Ruine. |
| b p ? | he ⬮ t | Der Hund ______ sein Bein. |
| b p ? | hu ⬮ t | Das Auto ______ laut. |

## *Fragesatz*

Wenn wir etwas wissen wollen, stellen wir Fragen.
Am Ende eines Fragesatzes steht ein Fragezeichen (?).

**1** Unterstreiche die Fragewörter und Fragezeichen in den Fragesätzen.

| | |
| --- | --- |
| <u>Was</u> willst du trinken<u>?</u> | Ich möchte gern ins Kino. |
| Warum ist Karin nicht hier? | Ich möchte eine Apfelschorle. |
| Wo sollen wir nachher noch hingehen? | Er ist bestimmt bald da. |
| Wann kommt endlich der Eiswagen? | Sie ist noch beim Turnen. |

**2** Verbinde jeden Fragesatz mit der richtigen Antwort.

**3** Fragezeichen (?) oder Satzpunkt (.)? Trage ein.

Ich hätte gern ein Eis [ . ]

Wie viele Kugeln sollen es sein [ ]

Drei Kugeln, bitte [ ]

Was hättest du denn gern [ ]

Ich möchte Birne, Mango und Schokolade [ ]

Wie viel kostet die Sahne extra [ ]

Die bekommst du heute geschenkt [ ]

## *Fragewörter*

Fragewörter leiten Fragen ein. So fragen wir gezielt:
**wer**, **wo**, **wann**, **warum**, **wie**, **was** …

| | | | | |
|---|---|---|---|---|
| was? | wer? | wann? | ~~wie?~~ | wo? |

**1** Schreibe die passenden Fragewörter in die kurzen Lücken.

Wie ist dein Name?

______ bist du geboren?

______ kommst du her?

______ ist dein Hobby?

______ ist dein Vorbild?

**2** Beantworte die Fragen.

**1** Kommen ein oder zwei Konsonanten in die Mitte?

| | | | |
|---|---|---|---|
| s / ss ? | Wa__er | Wasser | |
| p / pp ? | Pu__e | | |
| s / ss ? | Ho__e | | |
| k / ck ? | Zu__er | | |
| d / dd ? | Fe__er | | |
| k / ck ? | So__e | | |

**2** ng oder nk? Trage ein.

Junge

Ri__e

Zu__e

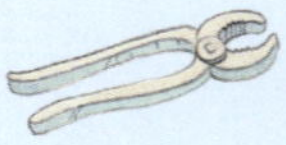
Za__e

Fi__er

fa__en

Ra__e

de__en

bri__en

**3** singen? sinken? Ordne die Verben zu.

Cora … ganz laut.

Das Boot … in der Wanne.

**4** Schreibe ganze Sätze. Verwende die richtigen Verbformen.

Cora

**Nomen**

Nomen sind Namen von Menschen, Tieren und Dingen.

1 Trage die Nomen richtig ein.

~~Opa~~ ~~Apfel~~ ~~Mama~~ ~~Gurke~~ ~~Vater~~ ~~Tochter~~ ~~Nudel~~ ~~Kuchen~~

| Menschen | Essen |
| --- | --- |
| Opa | Apfel |
| Mama | Gurke |
| Vater | Kuchen |
| Tochter | Nudel |

2 Trage die Nomen richtig ein.

~~Gabel~~ ~~Hase~~ ~~Lama~~ ~~Fenster~~ ~~Hose~~ ~~Ente~~

| Tiere | Dinge |
| --- | --- |
| Ente | Hose |
| Hase | Fenster |
| Lama | Gabel |



**Artikel**

Vor den Nomen stehen oft die Artikel **der**, **die**, **das** oder **ein**, **eine**.

1 Welcher Artikel passt? – der, die oder das?

| | | | |
| --- | --- | --- | --- |
| der | Affe | die | Hand |
| die | Gurke | der | Tiger |
| die | Birne | die | Schule |
| das | Fenster | die | Tasche |
| das | Mädchen | das | Haus |

2 Welcher Artikel passt? – ein oder eine?

| | | | |
| --- | --- | --- | --- |
| ein | Affe | eine | Hand |
| eine | Gurke | ein | Tiger |
| eine | Birne | eine | Schule |
| ein | Fenster | eine | Tasche |
| ein | Mädchen | ein | Haus |



**der-die-das-Probe**

Nomen schreibt man groß. Du kannst sie erkennen, wenn ein Artikel **der**, **die**, **das** oder **ein**, **eine** davorpasst.

1 Unterstreiche alle Nomen.

~~käfer~~ klein ~~fenster~~ ~~auto~~ nass ~~erde~~ ~~ente~~ geht ~~wolke~~ ~~hase~~ mit ~~ampel~~ sagt

2 Schreibe alle Nomen mit Artikel zweimal.

 der Käfer, ein Käfer

 das Fenster, ein Fenster

 das Auto, ein Auto

 die Erde, eine Erde

 die Ente, eine Ente

 die Wolke, eine Wolke

 der Hase, ein Hase

 die Ampel, eine Ampel

1 Trage die fehlenden Buchstaben des Abc ein.

2 Trage die fehlenden Namen ein. Folge dabei dem Abc.

| | | | |
| --- | --- | --- | --- |
| A | Anja | N | Nico |
| B | Ben | O | Olga |
| C | Cora | P | Paul |
| D | Dana | Q | Quentin |
| E | Emil | R | Rosa |
| F | Felix | S | Sina |
| G | Greta | T | Tim |
| H | Henrik | U | Uwe |
| I | Ina | V | Viktor |
| J | Jana | W | Wadim |
| K | Kadir | X | Xaver |
| L | Leon | Y | Yusuf |
| M | Murat | Z | Zora |

**1** Trage die Nomen richtig ein.

~~Affe~~ ~~Fenster~~ ~~Auto~~ ~~Rabe~~ ~~Gabel~~ ~~Löwe~~ ~~Ente~~ ~~Tasche~~

| Tiere | Dinge |
|---|---|
| Affe | Fenster |
| Rabe | Auto |
| Löwe | Gabel |
| Ente | Tasche |

**2** Welcher Artikel passt? – der, die oder das?

| | | | |
|---|---|---|---|
| der | Tiger | die | Tasche |
| die | Gurke | das | Auto |
| das | Telefon | der | Käfer |

**3** Welcher Artikel passt? – ein oder eine?

| | | | |
|---|---|---|---|
| ein | Tiger | eine | Tasche |
| eine | Gurke | ein | Auto |
| ein | Telefon | ein | Käfer |



**1** Unterstreiche alle Nomen.

~~Ente~~ ~~Lama~~ mit ~~Auto~~ ~~Wolke~~ lustig
~~Nudel~~ klein ~~Rabe~~ ~~Käse~~ sagt

**2** Schreibe alle Nomen mit Artikel zweimal.

die Ente, eine Ente

das Lama, ein Lama

das Auto, ein Auto

die Wolke, eine Wolke

die Nudel, eine Nudel

der Rabe, ein Rabe

der Käse, ein Käse

**3** Ergänze das Abc.

***Verben: wir-Form***
Die wir-Form ist wie die Grundform der Verben.
**malen – wir malen**

**1** Schreibe Sätze.

~~hören~~ ~~malen~~ ~~kochen~~ ~~lesen~~

Wir malen Bilder.
Wir hören Musik.
Wir lesen Bücher.
Wir kochen Nudeln.

**2** Schreibe Sätze.

~~liegen~~ ~~gehen~~ ~~laufen~~ ~~stehen~~

Wir laufen zur Schule.
Wir stehen an der Ampel.
Wir gehen nach Hause.
Wir liegen im Bett.

***Verben: er-Form***
Die er-Form endet auf -t.
**spielen – er spielt**

**1** Schreibe die er-Formen zweimal.

| | |
|---|---|
| spielen | er spielt, er spielt |
| bauen | er baut, er baut |
| denken | er denkt, er denkt |
| fragen | er fragt, er fragt |
| holen | er holt, er holt |
| rufen | er ruft, er ruft |

**2** Verbinde die Wörter, die zusammengehören.

| | |
|---|---|
| bleiben | er heißt |
| fegen | er legt |
| heißen | er bleibt |
| legen | er fegt |

(Verbindungen: bleiben – er bleibt, fegen – er fegt, heißen – er heißt, legen – er legt)

**1** Unterstreiche alle Nomen.
Denke an die der-die-das-Probe.

~~bruder~~ ~~auto~~ ~~lama~~ der ~~eule~~
mit ~~name~~ ~~wolke~~ holen

**2** Schreibe die Nomen mit Artikel zweimal.

der Bruder, ein Bruder
das Auto, ein Auto
das Lama, ein Lama
die Eule, eine Eule
der Name, ein Name
die Wolke, eine Wolke

**3** Unterstreiche die drei Nomen.

die eltern spielen ball mit den kindern.

**4** Schreibe den Satz richtig auf.

Die Eltern spielen Ball mit den Kindern.



**1** Welche Artikel haben die Wörter? Male an.

der = blau die = rot das = grün

~~Hase~~ ~~Fenster~~ ~~Käse~~
~~Auto~~ ~~Erde~~ ~~Hose~~ ~~Lama~~
~~Gabel~~ ~~Birne~~
~~Onkel~~ ~~Haus~~ ~~Name~~

**2** Schreibe alle Nomen mit Artikel in die richtige Spalte.

| der | die |
|---|---|
| der Hase | die Erde |
| der Käse | die Hose |
| der Onkel | die Gabel |
| der Name | die Birne |

**das**

das Fenster
das Auto
das Lama
das Haus

*Umlaute*
Bei vielen Wörtern mit a und au wird die Mehrzahl mit ä und äu gebildet.
**a → ä: Gans → Gänse**
**au → äu: Maus → Mäuse**

**1** Ergänze die Nomen zur Mehrzahl. Nimm einen grünen Stift.

Gänse Hände Nächte
Äste Bäume Häuser

**2** Schreibe die Wörter ab.
Verwende für die zwei Silben zwei Farben.

~~Gänse~~ ~~Hände~~ ~~Nächte~~ ~~Äste~~ ~~Bänke~~
~~Läuse~~ ~~Mäuse~~ ~~Bäume~~ ~~Häuser~~

Gänse Hände Nächte
Äste Bänke Läuse
Mäuse Bäume Häuser

**3** Bilde die Verben in der er-Form.
Auch hier: a → ä, au → äu

| halten | laufen | tragen |
|---|---|---|
| er hält | er läuft | er trägt |



*Adjektive*
Adjektive sagen uns, wie etwas ist.
Wir schreiben sie klein: **gelb**, **schön**, **klein**, …

**1** Unterstreiche die Adjektive.

~~lieb~~ ~~neu~~ ~~eng~~ geben ~~mutig~~ helfen
~~gut~~ ~~blau~~ der lesen üben

**2** Was passt? Ordne die Adjektive zu.

| Kind | Hose |
|---|---|
| lieb | neu |
| mutig | eng |
| gut | blau |

**3** Ordne zu.

~~frisch~~ ~~hart~~ ~~kalt~~

Der Fisch ist frisch.
Das Eis ist kalt.
Das Brot ist hart.

**1** Verbinde die Wörter, die zusammengehören.

| | | | |
|---|---|---|---|
| klein | oben | weich | laut |
| alt | groß | süß | hart |
| unten | neu | leise | kurz |
| eng | weit | lang | sauer |

klein – groß
alt – neu
unten – oben
eng – weit
weich – hart
süß – sauer
leise – laut
lang – kurz

**2** Bilde Sätze. Die Wörter aus Aufgabe 1 helfen dir.

Das ist nicht groß, sondern klein.
Das ist nicht unten, sondern oben.
Das ist nicht süß, sondern sauer.
Das ist nicht weich, sondern hart.
Das ist nicht laut, sondern leise.
Das ist nicht lang, sondern kurz.



**1** Ergänze die fehlenden Formen.

| | lieben | | denken |
|---|---|---|---|
| ich | liebe | ich | denke |
| du | liebst | du | denkst |
| er | liebt | er | denkt |
| wir | lieben | wir | denken |

| | folgen | | hören |
|---|---|---|---|
| ich | folge | ich | höre |
| du | folgst | du | hörst |
| er | folgt | er | hört |
| wir | folgen | wir | hören |

**2** Ordne die fehlenden Formen zu.

~~gibst~~ ~~geben~~ ~~gebe~~ ~~gibt~~

| | geben | | |
|---|---|---|---|
| ich | gebe | du | gibst |
| er | gibt | wir | geben |



**1** Schreibe die Wörter mit ß.

~~weiß~~ ~~heißen~~ ~~heiß~~ ~~groß~~ ~~fleißig~~ ~~Fuß~~

| | |
|---|---|
| Fuß | groß |
| heiß | heißen |
| weiß | fleißig |

**2** Welches Wort mit ß wird gesucht?

~~beißen~~ ~~Gruß~~ ~~reißen~~ ~~Spaß~~

Im Garten spielen macht Spaß.
Einen Gruß schreibt man am Ende eines Briefes.
Manche Hunde beißen.
Manche Seile können reißen.



**1** Wer macht was? Ordne die Verben zu.

~~ru~~ ~~schie~~ ~~fe~~ ~~ma~~ ~~trin~~ ~~wei~~
~~gen~~ ~~ben~~ ~~ben~~ ~~fen~~ ~~len~~ ~~ken~~

Sina: den Wagen … schieben
Olga: Limo … trinken
Dana: leise … weinen
Nico: laut … rufen
Yusuf: den Boden … fegen
Ben: ein Bild … malen

**2** Schreibe mit den Wörtern aus Aufgabe 1 ganze Sätze.
Achtung! Denke an die er-Form.

Sina schiebt den Wagen.
Dana weint leise.
Yusuf fegt den Boden.
Olga trinkt Limo.
Nico ruft laut.
Ben malt ein Bild.

**1** Ergänze die fehlenden Formen.

| | | | |
|---|---|---|---|
| | denken | | malen |
| ich | denke | ich | male |
| du | denkst | du | malst |
| er | denkt | er | malt |
| wir | denken | wir | malen |
| | fegen | | lieben |
| ich | fege | ich | liebe |
| du | fegst | du | liebst |
| er | fegt | er | liebt |
| wir | fegen | wir | lieben |

**2** Schreibe die richtigen Artikel – der, die oder das?

| | | | |
|---|---|---|---|
| die | Birne | der | Bruder |
| der | Name | die | Wolke |
| das | Haus | das | Auto |



**1** Schreibe die Mehrzahl.

eine Gans – viele Gänse

ein Ast – viele Äste

eine Maus – viele Mäuse

ein Haus – viele Häuser

**2** Schreibe die er-Form.

wir halten – sie hält

wir laufen – er läuft

wir tragen – sie trägt

**3** Ergänze den Gegensatz.

nicht neu, sondern alt

nicht leise, sondern laut

nicht schwarz, sondern weiß

nicht kalt, sondern heiß

nicht klein, sondern groß

Schreibt man mit einem oder zwei f?

Wenn du das Wort klatschst und dazu sprichst, kannst du es hören: Kof fer.

**1** Schreibe die Wörter so: K o f | f e r

| | | |
|---|---|---|
| m / mm | Hu_el | H u m \| m e l |
| t / tt | Mu_er | M u t \| t e r |
| l / ll | be_en | b e l \| l e n |

**2** Schreibe die Wörter so: Kof | fer

| | | |
|---|---|---|
| s / ss | Wa_er | Was \| ser |
| f / ff | Lö_el | Löf \| fel |
| n / nn | re_en | ren \| nen |

**3** Klatsche die Wörter. Kommt ein Doppelkonsonant in die Mitte?

| | | |
|---|---|---|
| n / nn | So_e | Son \| ne |
| s / ss | Ho_e | Ho \| se |
| m / mm | Hi_el | Him \| mel |

Wörter wie [Dackel] hatten früher auch einen Doppelkonsonanten: kk.

Heute schreibt man diese Wörter mit ck: Dackel.

**1** Schreibe die Wörter mit ck.

| | | | |
|---|---|---|---|
| Da_el | Dackel | Rö_e | Röcke |
| Zu_er | Zucker | ba_en | backen |

**2** Kommen ein oder zwei Konsonanten in die Mitte?

| | | | | | |
|---|---|---|---|---|---|
| k / ck | De_e | Decke | p / pp | Pu_e | Puppe |
| t / tt | Bu_er | Butter | t / tt | We_er | Wetter |
| k / ck | Glo_e | Glocke | k / ck | De_el | Deckel |

Klatschen und in Silben sprechen hilft übrigens auch bei solchen Wörtern: besser ...

**3** Schreibe die Wörter.

| | | | | | |
|---|---|---|---|---|---|
| s / ss | be_er | besser | t / tt | fe_er | fetter |
| k / ck | di_er | dicker | l / ll | to_er | toller |

**1** Schreibe die Wörter mit ng zweimal.

der Ju◯e — der Junge, ein Junge

der Fi◯er — der Finger

die Za◯e — die Zange

der E◯el — der Engel

die Zu◯e — die Zunge

**2** Schreibe die Wörter mit ng zweimal.

~~gen~~ ~~fan~~ ~~sin~~ ~~gen~~ ~~gen~~ ~~brin~~

singen, singen

fangen

bringen

**3** Schreibe die Wörter auf die richtige Linie.

| | | |
|---|---|---|
| singen | ~~singen~~ ~~sinken~~ | sinken |
| Ringe | ~~Ringe~~ ~~Ranke~~ | Ranke |
| düngen | ~~düngen~~ ~~denken~~ | denken |



**1** Unterstreiche:

Nomen = gelb Verben = grün Adjektive = blau

~~Dackel~~ ~~packen~~ ~~dick~~ ~~Rücken~~ ~~Decke~~ ~~lecker~~
~~Socke~~ ~~lecken~~ ~~Hecke~~ ~~Zucker~~ ~~Ecke~~ ~~backen~~

**2** Schreibe die Nomen aus Aufgabe 1 so auf: der Dackel

der Rücken — die Decke

die Socke — die Hecke

der Zucker — die Ecke

**3** Schreibe die Verben so auf: packen – er packt

lecken – er leckt

backen – er backt

**4** Ergänze das fehlende Adjektiv.

Die Bretter sind aber dick.

Das Essen schmeckt lecker.



**1** Ordne die Verben zu.

~~backen~~ ~~schmücken~~ ~~lecken~~ ~~stricken~~

Die Kinder … die Hecke. — schmücken

Oma und Til … Socken. — stricken

Peter … Kekse. — backen

Lea … am Eis. — lecken

**2** Schreibe mit den Wörtern aus Aufgabe 1 ganze Sätze.
Beachte: Brauchst du die wir-Form oder die er-Form?

Die Kinder schmücken die Hecke.

Oma und Til stricken Socken.

Peter backt Kekse.

Lea leckt am Eis.

**3** Ergänze die fehlenden Formen.

stecken – ich stecke — denken – ich denke

drücken – er drückt — packen – er packt

nicken – sie nickt — trinken – ich trinke

**1** Ergänze die fehlenden Formen.

| | backen | | heißen |
|---|---|---|---|
| ich | backe | ich | heiße |
| du | backst | du | heißt |
| er | backt | er | heißt |
| wir | backen | wir | heißen |

**2** Ergänze die fehlende Form.

fangen – wir fangen — rennen – er rennt

hocken – ich hocke — fegen – ich fege

beißen – er beißt — reißen – es reißt

nicken – wir nicken — singen – ich singe

grüßen – du grüßt — denken – wir denken

***d oder t? b oder p? g oder k?***

Einsilbige Wörter werden am Ende oft hart ausgesprochen. In der zweisilbigen Form kannst du den richtigen Buchstaben hören, z. B.

Pfer◯ → Pferde → Pferd

**1** d oder t? Schreibe zuerst die zweisilbige Form. Schreibe dann das einsilbige Wort auf.

 d/t? Kin◯ Kinder Kind

 d/t? Bil◯ Bilder Bild

 d/t? Hun◯ Hunde Hund

**2** b oder p? Schreibe zuerst die zweisilbige Form.

 b/p? Kor◯ Körbe Korb

 b/p? Die◯ Diebe Dieb

**3** g oder k? Schreibe zuerst die zweisilbige Form.

 g/k? Ber◯ Berge Berg

 g/k? Ta◯ Tage Tag

 g/k? We◯ Wege Weg



**1** g oder k? Schreibe zuerst die zweisilbige Form.

g/k? er le◯t — wir legen — er legt

g/k? er fra◯t — wir fragen — er fragt

g/k? er zei◯t — wir zeigen — er zeigt

g/k? er ja◯t — wir jagen — er jagt

**2** b oder p? Schreibe zuerst die zweisilbige Form.

b/p? er le◯t — wir leben — er lebt

b/p? er ü◯t — wir üben — er übt

b/p? er blei◯t — wir bleiben — er bleibt

**3** Schreibe das Wort. Überlege dir zuerst die zweisilbige Form.

g/k? lie◯t — Jonas liegt im Bett.

g/k? spu◯t — Ein Geist spukt in der Ruine.

b/p? he◯t — Der Hund hebt sein Bein.

b/p? hu◯t — Das Auto hupt laut.



***Fragesatz***

Wenn wir etwas wissen wollen, stellen wir Fragen.
Am Ende eines Fragesatzes steht ein Fragezeichen (?).

**1** Unterstreiche die Fragewörter und Fragezeichen in den Fragesätzen.

**2** Verbinde jeden Fragesatz mit der richtigen Antwort.

| | |
| --- | --- |
| <u>Was</u> willst du trinken<u>?</u> | Ich möchte eine Apfelschorle. |
| <u>Warum</u> ist Karin nicht hier<u>?</u> | Sie ist noch beim Turnen. |
| <u>Wo</u> sollen wir nachher noch hingehen<u>?</u> | Ich möchte gern ins Kino. |
| <u>Wann</u> kommt endlich der Eiswagen<u>?</u> | Er ist bestimmt bald da. |

**3** Fragezeichen (?) oder Satzpunkt (.)? Trage ein.

Ich hätte gern ein Eis .

Wie viele Kugeln sollen es sein ?

Drei Kugeln, bitte .

Was hättest du denn gern ?

Ich möchte Birne, Mango und Schokolade .

Wie viel kostet die Sahne extra ?

Die bekommst du heute geschenkt .



***Fragewörter***

Fragewörter leiten Fragen ein. So fragen wir gezielt:
**wer, wo, wann, warum, wie, was …**

~~was?~~ ~~wer?~~ ~~wann?~~ ~~wie?~~ ~~wo?~~

**1** Schreibe die passenden Fragewörter in die kurzen Lücken.

Wie ist dein Name?

individuelle Lösung

Wann bist du geboren?

individuelle Lösung

Wo kommst du her?

individuelle Lösung

Was ist dein Hobby?

individuelle Lösung

Wer ist dein Vorbild?

individuelle Lösung

**2** Beantworte die Fragen.

**1** Kommen ein oder zwei Konsonanten in die Mitte?

s/ss? Wa●er: Wasser
p/pp? Pu●e: Puppe
s/ss? Ho●e: Hose
k/ck? Zu●er: Zucker
d/dd? Fe●er: Feder
k/ck? So●e: Socke

**2** ng oder nk? Trage ein.

Ju**ng**e, Ri**ng**e, Zu**ng**e
Za**ng**e, Fi**ng**er, fa**ng**en
Ra**nk**e, de**nk**en, bri**ng**en

**3** singen? sinken? Ordne die Verben zu.

Cora … ganz laut.

Das Boot … in der Wanne.

singen | sinken

**4** Schreibe ganze Sätze. Verwende die richtigen Verbformen.

Cora singt ganz laut.
Das Boot sinkt in der Wanne.



**1** Ergänze die fehlenden Formen.

backen – ich backe
reißen – ich reiße
nicken – du nickst
packen – du packst
rennen – er rennt
lecken – er leckt
düngen – wir düngen
grüßen – wir grüßen

**2** Schreibe das Wort. Überlege dir zuerst die zweisilbige Form.

d/t? Kin● – das Kind
d/t? Hun● – der Hund
b/p? Kor● – der Korb
b/p? hu●t – sie hupt
g/k? spu●t – es spukt

**3** Wer? Wo? Warum?
Schreibe die passenden Fragewörter in die Lücken.

Da ist ein Hase. Wo denn?
Bei dem Baum da. Warum bleibt dein Hund so ruhig?
Wer weiß schon, was ein Hund denkt?



***Adjektive***
Mit Adjektiven kannst du Nomen genauer beschreiben.
Sie stehen zwischen Artikel und Nomen.

**1** Welcher Satz beschreibt die Lampe am besten? Kreuze an.

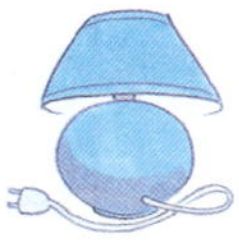

- ☐ Ich habe eine Lampe.
- ☐ Ich habe eine <u>blaue</u> Lampe.
- ☒ Ich habe eine <u>blaue</u>, <u>runde</u> Lampe.

**2** Unterstreiche die Adjektive in Aufgabe 1.

**3** Ergänze in der Satztreppe die fehlenden Adjektive.

Ein Igel lebt im Garten. (~~schön~~ ~~schön~~ ~~klein~~)
Ein Igel lebt im schönen Garten.
Ein Igel lebt im schönen, kleinen Garten.

**4** Ergänze in der Satztreppe die fehlenden Adjektive.

Oma strickt eine Mütze. (~~bunt~~ ~~bunt~~ ~~warm~~)
Oma strickt eine bunte Mütze.
Oma strickt eine bunte, warme Mütze.



**1** Ergänze in den Treppen die fehlenden Adjektive.

Ich mag den Hund. (~~lieb~~ ~~lieb~~ ~~grau~~)
☒ Ich mag den lieben Hund.
☐ Ich mag den lieben, grauen Hund.

Ich will Nachtisch. (~~süß~~ ~~süß~~ ~~kalt~~)
☐ Ich will süßen Nachtisch.
☒ Ich will süßen, kalten Nachtisch.

Der Vogel hat Federn. (~~fein~~ ~~fein~~ ~~grün~~)
☐ Der Vogel hat feine Federn.
☒ Der Vogel hat feine, grüne Federn.

**2** Kreuze an, was jeweils gemeint ist.

***Satzmodell***

Ein Satz besteht aus verschiedenen Bausteinen:

Das Verb bildet den Satzkern.

Ein Vogel | singt | im Baum.

**1** Kreise den Satzkern ein:

Ein Igel (lebt) im schönen Garten.

**2** Trage den Satzkern aus Aufgabe 1 in das Satzmodell ein.

Wer? Ein Igel — lebt — Wo? im schönen Garten.

**3** Trage alle Bausteine in das Satzmodell ein.

Wer? Ein Igel

lebt

Wo? im schönen Garten.



**1** Kreise bei allen drei Sätzen den Satzkern ein.

**2** Trage alle Satzbausteine ein.

**Der hungrige Igel (sucht) feine Käfer.**

Wer? Der hungrige Igel

sucht

Wen? Was? feine Käfer.

**Das braune Tier (findet) altes Obst.**

Wer? Das braune Tier

findet

Wen? Was? altes Obst.

**Kleine Kinder (sehen) das satte Tier.**

Wer? Kleine Kinder

sehen

Wen? Was? das satte Tier.



***Großschreibung***

Nomen schreibt man groß.
Am Satzanfang schreibt man groß.
Alles andere wird kleingeschrieben.

**1** Unterstreiche die Nomen in der Wörterschlange gelb. Denke an die der-die-das-Probe.

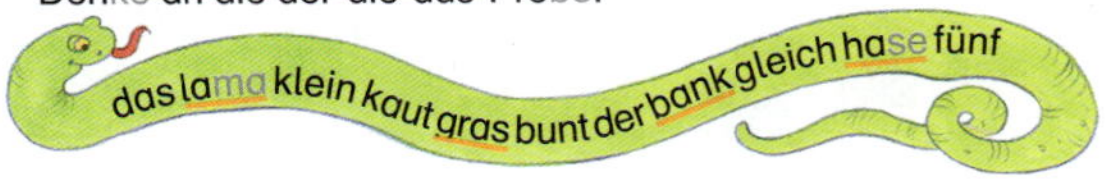


**2** Schreibe die Nomen mit Artikel auf.

| | |
|---|---|
| das Lama | die Bank |
| das Gras | der Hase |

**3** In dem Text ist alles kleingeschrieben. Unterstreiche alle Nomen im Text. Es sind acht Nomen.

im zoo sehen wir bären. die tiere sind alle müde und liegen auf den steinen und im gras. wir gehen weiter zu den löwen. die großen katzen warten auf das futter.

In dem Text ist alles kleingeschrieben und es fehlen die Satzpunkte.

**1** Setze die vier Satzpunkte. Kreise sie ein.

**2** Unterstreiche alle Nomen gelb. Es sind sieben Nomen.

**3** Unterstreiche alle vier Satzanfänge schwarz.

eine ente badet im see. drei kinder essen eis.
die oma trinkt kalten saft. der wind ist heiß.

**4** Schreibe den Text richtig ab. Setze Satzpunkte. Schreibe Satzanfänge und Nomen groß.

Eine Ente badet im See.
Drei Kinder essen Eis.
Die Oma trinkt kalten Saft.
Der Wind ist heiß.

**Verkleinerungsform**

Bei der Verkleinerungsform ändern sich die Selbstlaute.

**a → ä   au → äu   o → ö   u → ü**

1 Aus groß mach klein. Schreibe die Verkleinerungsformen.

| a → ä | | o → ö | |
|---|---|---|---|
| Glas | Gläschen | Brot | Brötchen |
| Hand | Händchen | Vogel | Vögelchen |
| Arm | Ärmchen | Wort | Wörtchen |
| Hase | Häschen | Dose | Döschen |

2 Schreibe die Verkleinerungsformen.

| au → äu | | u → ü | |
|---|---|---|---|
| Maus | Mäuschen | Blume | Blümchen |
| Baum | Bäumchen | Hut | Hütchen |
| Haus | Häuschen | Hund | Hündchen |
| Zaun | Zäunchen | Gurke | Gürkchen |



1 Schreibe die Verkleinerungsform.

a → ä  Affe Äffchen   a → ä  Garten Gärtchen

2 Unterstreiche alle Nomen.

Es war einmal ein <u>Affe</u>, der trug immer einen <u>Hut</u> mit einer <u>Blume</u>. Er lebte in einem <u>Haus</u> auf einem <u>Baum</u> in einem <u>Garten</u>. Dort gab es auch einen <u>Zaun</u> mit einem <u>Tor</u>. Er hatte jedoch nie ein <u>Wort</u> darüber gehört, was hinter dem <u>Tor</u> war. Sollte er einmal nachschauen?

3 Ersetze alle Nomen durch Verkleinerungsformen.

Es war einmal ein Äffchen, das trug immer ein Hütchen mit einem Blümchen. Es lebte in einem Häuschen auf einem Bäumchen in einem Gärtchen. Dort gab es auch ein Zäunchen mit einem Törchen. Es hatte jedoch nie ein Wörtchen darüber gehört, was hinter dem Törchen war. Sollte es einmal nachschauen?



1 Schreibe Sätze.

~~turnen~~ ~~jagen~~ ~~tauchen~~ ~~finden~~ ~~graben~~

~~im Sand~~ ~~Zebras~~ ~~Käse~~ ~~im See~~ ~~im Wald~~

Enten tauchen im See.

Hunde graben im Sand.

Affen turnen im Wald.

Löwen jagen Zebras.

Mäuse finden Käse.

2 Ergänze die fehlenden Formen.

| gehen | | holen | |
|---|---|---|---|
| ich | gehe | ich | hole |
| du | gehst | du | holst |
| er | geht | er | holt |
| wir | gehen | wir | holen |

ich   du   er   wir

1 Unterstreiche die zwei zusammengehörigen Nomen mit einer Farbe. Schreibe das zusammengesetzte Nomen mit Artikel auf.

~~weg~~ ~~Bügel~~ ~~eisen~~ ~~Rad~~

~~Hals~~ ~~kuchen~~ ~~band~~ ~~Käse~~

der Radweg   das Halsband

das Bügeleisen   der Käsekuchen

2 Aus den drei Nomen kannst du zwei zusammengesetzte Nomen bilden. Schreibe sie mit Artikel auf.

Hand Tuch Tasche: die Handtasche, das Handtuch

Apfel Baum Saft: der Apfelbaum, der Apfelsaft

Kinder Garten Wagen: der Kindergarten, der Kinderwagen

Wind Rad Hund: das Windrad, der Windhund

**1** Ergänze die ich-Form.

| | | |
|---|---|---|
| machen | ich | mache |
| stellen | ich | stelle |
| füllen | ich | fülle |
| backen | ich | backe |

**2** Alex beschreibt, wie man Kuchen macht.
Bilde Sätze und schreibe in der ich-Form.

den Teig machen

Ich mache den Teig.

den Teig in die Form füllen

Ich fülle den Teig in die Form.

die Form in den Backofen stellen

Ich stelle die Form in den Backofen.

den Kuchen 40 Minuten backen

Ich backe den Kuchen 40 Minuten.



**1** Wo ist die Maus? Ergänze die Sätze.

~~unter~~ ~~neben~~ ~~hinter~~ ~~auf~~

Die Maus ist auf dem Stuhl.

Die Maus ist unter dem Stuhl.

Die Maus ist neben dem Stuhl.

Die Maus ist hinter dem Stuhl.

**2** Die Tiere sind aus dem Schulzoo ausgebrochen.
Wo haben sie sich versteckt? Ergänze die Sätze.

~~auf~~ ~~unter~~ ~~hinter~~ ~~neben~~

Das Kaninchen hockt neben der Kiste.

Der Wellensittich sitzt auf der Gardinenstange.

Die Maus ist hinter der Blumenvase.

Der Hamster sitzt unter dem Regal.

**1** Kommen ein oder zwei Konsonanten in die Mitte?

| | | |
|---|---|---|
| s / ss ? | Kä_e | Käse |
| f / ff ? | Lö_el | Löffel |
| b / bb ? | Ga_el | Gabel |
| d / dd ? | Nu_eln | Nudeln |
| s / ss ? | Wa_er | Wasser |

**2** Kommen ein oder zwei Konsonanten in die Mitte?

| | | | | | |
|---|---|---|---|---|---|
| k / ck ? | ba_en | backen | k / ck ? | le_er | lecker |
| s / ss ? | be_er | besser | s / ss ? | lei_e | leise |
| k / ck ? | trin_en | trinken | s / ss ? | e_en | essen |



**1** Unterstreiche die Aufforderungsformen.

<u>Füttere</u> den Hamster!

<u>Bleibe</u> im Garten!

<u>Frage</u> deine Mutter!

<u>Sage</u> das Zauberwort!

<u>Lerne</u> für die Arbeit!

**2** Bilde Aufforderungssätze. Verwende am Satzende immer ein Ausrufezeichen (!).

~~nach Hause gehen~~ ~~die Treppe fegen~~ ~~den Korb tragen~~
~~ein Glas holen~~ ~~ein Bild malen~~ ~~die Eier suchen~~

Gehe nach Hause!

Fege die Treppe!

Trage den Korb!

Hole ein Glas!

Male ein Bild!

Suche die Eier!

***i oder ie?***
Kommt in der 1. Silbe nach dem Vokal noch ein weiterer Buchstabe, schreiben wir i, z. B. **Winter**.
Kommt kein weiterer Buchstabe nach dem Vokal, schreiben wir ie, z. B. **Spiegel**.

**1** In der 1. Silbe kommt ein Buchstabe nach dem Vokal. Schreibe die Wörter mit i.

| | 1. Silbe | 2. Silbe | | 1. Silbe | 2. Silbe |
|---|---|---|---|---|---|
| W_nter | Win | ter | K_nder | Kin | der |
| B_rne | Bir | ne | f_nden | fin | den |

**2** In der 1. Silbe kommt kein Buchstabe nach dem Vokal. Schreibe die Wörter mit ie.

| | | | | | |
|---|---|---|---|---|---|
| Sp_gel | Spie | gel | B_ne | Bie | ne |
| sp_len | spie | len | l_ben | lie | ben |

**3** i oder ie? Schreibe die Wörter.

| | | | | | |
|---|---|---|---|---|---|
| R_se | Rie | se | W_se | Wie | se |
| s_ben | sie | ben | Z_ge | Zie | ge |
| T_nte | Tin | te | B_lder | Bil | der |

***Wörter mit -ine***
Wörter mit mehr als 2 Silben, die oft auf -ine enden, schreibt man nur mit i, z. B. **Lawine**.
Diese Wörter kommen alle aus anderen Sprachen.

**1** Schreibe die Wörter mit -ine.

| | | | |
|---|---|---|---|
| Law_ | Lawine | Masch_ | Maschine |
| Gard_ | Gardine | Ros_ | Rosine |
| Delf_ | Delfine | Margar_ | Margarine |

**2** Welches Wort mit -ine passt?

Limous_ / Sard_ / Ru_ / Apfels_ / Pral_ / Pingu_

Limousine

Ruine

Apfelsine

Praline

Sardine

Pinguine



**1** Trage die Bausteine in das Satzmodell ein.

**Der müde Junge** **sucht** **sein blaues Auto.**

Wer? Der müde Junge
sucht
Wen? Was? sein blaues Auto.

**2** In dem Text ist alles kleingeschrieben. Setze die Satzpunkte. Unterstreiche die vier Nomen. Schreibe den Text richtig ab.

die kinder spielen im garten. sie graben im sandkasten. dort finden sie das blaue auto.

Die Kinder spielen im Garten.
Sie graben im Sandkasten.
Dort finden sie das blaue Auto.

**3** Schreibe die Verkleinerungsformen mit -chen.

| | | | |
|---|---|---|---|
| Hand | Händchen | Brot | Brötchen |
| Hut | Hütchen | Baum | Bäumchen |
| Haus | Häuschen | Affe | Äffchen |



**1** Wo ist was? Ergänze die Sätze.

Der Teddy ist auf dem Regal.
Der Dino ist im Aquarium.
Die Stelzen liegen unter dem Regal.
Der Würfel liegt neben dem Teddy.

**2** Bilde Aufforderungssätze!

im Garten bleiben — den Weg fegen
die Blumen gießen — den Hund füttern

Bleibe im Garten!
Gieße die Blumen!
Fege den Weg!
Füttere den Hund!

**3** i oder ie? Schreibe die Wörter.

| | | | |
|---|---|---|---|
| B_ne | Biene | s_ngen | singen |
| Law_ne | Lawine | T_re | Tiere |
| l_ben | lieben | W_nter | Winter |

***chs-Wörter***
In manchen Wörtern hören wir ein x, schreiben aber chs.

**1** Schreibe die Wörter mit chs.

Die (Eide◯e) Eidechse sonnt sich auf einem Stein.

(O◯en) Ochsen sind Rinder.

Es sind (se◯) sechs Eier im Karton.

Manche Kinder (wa◯en) wachsen schnell.

**2** Welches Wort mit chs passt?

~~Da~~ ~~La~~ ~~Fu~~ ~~Lu~~

Dachs

Luchs

Lachs

Fuchs



***Satzschlusszeichen***
Am Ende des Aussagesatzes steht ein Punkt.
**Du kommst mit.**

Am Ende des Fragesatzes steht ein Fragezeichen.
**Kommst du mit?**

Am Ende eines Aufforderungssatzes steht ein Ausrufezeichen.
**Komm mit!**

**1** Unterstreiche Punkt, Fragezeichen und Ausrufezeichen.

Kommst du mit ins Kino?

Welchen Film wollt ihr sehen?

Wir schauen uns den Piratenfilm an.

Frag Jasmin, ob sie mitkommt!

**2** Setze die richtigen Satzschlusszeichen ein.

***Wörter mit V/v***
Manchmal hörst du ein F oder W, musst aber V schreiben. Diese Wörter musst du dir merken!

**1** Schreibe alle V-Wörter in die richtige Spalte.

~~November~~ ~~voll~~ ~~Vater~~ ~~Klavier~~ ~~Vase~~ ~~Vampir~~
~~Vogel~~ ~~Vulkan~~ ~~vier~~ ~~brav~~ ~~Lava~~ ~~viel~~

| V wie F | V wie W |
|---|---|
| Vogel | Vase |
| voll | November |
| Vater | Klavier |
| vier | Vampir |
| brav | Vulkan |
| viel | Lava |

**2** Welche Wörter mit V/v werden gesucht?

gefüllt voll — Mutter und … Vater

drei … fünf vier — nicht wenig viel

**1** Sp/sp oder St/st? Schreibe die Wörter.

 ◯inne Spinne —  ◯ern Stern

 ◯ein Stein —  ◯ift Stift

 ◯iel Spiel —  ◯echt Specht

**2** Welches Verb mit sp oder st wird gesucht?

| | |
|---|---|
| ein Spiel machen | spielen |
| Geld nicht ausgeben | sparen |
| reden | sprechen |
| ähnlich wie hüpfen | springen |
| an einer Stelle bleiben | stehen |
| etwas aufeinanderlegen | stapeln |
| das kann die Biene | stechen |

~~sprechen~~ ~~stehen~~ ~~spielen~~ ~~springen~~ ~~stapeln~~ ~~stechen~~ ~~sparen~~

**1** Klatsche die Wörter und schreibe sie in die Kästchen.

| | | | |
|---|---|---|---|
| Ka e | Kat ze | Ta e | Tat ze |
| si en | sit zen | Hi e | Hit ze |
| pu en | put zen | kra en | krat zen |

**2** Welche Wörter mit tz werden gesucht?

| | |
|---|---|
| kleiner Vogel | Spatz |
| offene Fläche in der Stadt | Platz |
| mit einer Karte findbar | Schatz |
| endet mit einem Punkt | Satz |
| … und Donner | Blitz |
| auf einmal | plötzlich |

~~Platz~~ ~~Satz~~ ~~Schatz~~ ~~Blitz~~ ~~Spatz~~ ~~plötzlich~~



**1** Schreibe die Wörter mit Pf oder pf.

| | | | |
|---|---|---|---|
| laume | Pflaume | Zo | Zopf |
| lanzen | pflanzen | hü en | hüpfen |
| erd | Pferd | Ko | Kopf |
| legen | pflegen | Kram | Krampf |
| ote | Pfote | stam en | stampfen |

**2** Welche Wörter mit Pf oder pf werden gesucht?

| | |
|---|---|
| hat Wurzeln und Blätter | Pflanze |
| sitzt auf deinem Hals | Kopf |
| Wasser auf der Straße | Pfütze |
| Fuß einer Katze | Pfote |
| ähnlich wie Socke | Strumpf |
| Mantelverschluss | Knopf |
| kleiner Weg | Pfad |

~~Kopf~~ ~~Pfote~~ ~~Pflanze~~ ~~Strumpf~~ ~~Pfad~~ ~~Pfütze~~ ~~Knopf~~



***Wortfeld***

Wortfelder bestehen aus Wörtern, die eine ähnliche Bedeutung haben. Sie helfen dir, das treffende Wort zu finden und dich abwechslungsreich auszudrücken.

**1** Immer drei Wörter gehören zu einem Wortfeld. Ordne zu.

~~knabbern~~ ~~rufen~~ ~~fragen~~ ~~fressen~~ ~~naschen~~ ~~meinen~~

| **sagen** | **essen** |
|---|---|
| fragen | knabbern |
| rufen | fressen |
| meinen | naschen |

**2** Immer drei Wörter gehören zu einem Wortfeld. Ordne zu.

~~eilig~~ ~~winzig~~ ~~zierlich~~ ~~flink~~ ~~hastig~~ ~~gering~~

| **klein** | **schnell** |
|---|---|
| winzig | eilig |
| zierlich | flink |
| gering | hastig |



**1** Schreibe die Wörter zum passenden Beispielsatz.

~~wandern~~ ~~springen~~ ~~hinken~~ ~~rennen~~

**Wortfeld gehen**

| | |
|---|---|
| in die Pfütze … | springen |
| durch den Wald … | wandern |
| nach dem Unfall … | hinken |
| schnell nach Hause … | rennen |

**2** Welches Wort passt? Ergänze.

~~erzählen~~ bemerken flüstern

Yusuf erzählt von seinem Urlaub.

erzählen antworten ~~rufen~~

Felix ruft sein Pferd.

speisen ~~knabbern~~ probieren

Der Hamster knabbert an der Möhre.

***Das stumme h***

In einsilbigen Wörtern, die auf l, m, n, r enden, steht vor dem letzten Buchstaben meistens ein h. Dieses h sprechen wir nicht.

**1** Schreibe die Wörter mit stummem h.

~~Stuhl~~ ~~Zahn~~ ~~Uhr~~ ~~Huhn~~ ~~Jahr~~ ~~Kohl~~ ~~Zahl~~ ~~Ohr~~

| | |
|---|---|
| Ohr | Huhn |
| Zahn | Jahr |
| Zahl | Stuhl |
| Uhr | Kohl |

**2** Welche Wörter mit stummem h werden gesucht?

~~Sohn~~ ~~Lehm~~ ~~zahm~~ ~~Rohr~~

Der Hase ist zahm.

Die Mutter lobt ihren Sohn.

Der Ziegel ist aus Lehm.

Unter der Straße wird ein Rohr verlegt.

Manche Verben bestehen aus zwei Teilen.

Sie stehen an verschiedenen Stellen im Satz.

**1** Schreibe die er-Form.

vorlesen – Er liest vor.

aufwachen – Er wacht auf.

einschenken – Er schenkt ein.

vorgehen – Er geht vor.

**2** Vervollständige die Sätze.

~~drängelt~~ ~~kauft~~ ~~schläft~~ ~~wacht~~ ~~ein~~ ~~ein~~ ~~auf~~ ~~vor~~

Der Hund schläft sofort ein.

Im Traum kauft er in einem Supermarkt ein.

Aber an der Kasse drängelt sich ein Dino vor.

Verwirrt wacht der Hund wieder auf.



**1** x oder chs? Schreibe die Wörter.

| | |
|---|---|
| Da_ – Dachs | La_ – Lachs |
| Fu_ – Fuchs | Wa_ – Wachs |

**2** Trage die Schlusszeichen richtig ein.

Besuchst du mich am Samstag ?

Ich muss erst meine Eltern fragen .

Frage sie gleich nach der Schule !

Was willst du denn machen ?

Es soll eine Überraschung sein .

**3** F, W oder V? Schreibe die Wörter.

| | |
|---|---|
| La_a – Lava | _ulkan – Vulkan |
| _ogel – Vogel | Kla_ier – Klavier |
| _eder – Feder | _ase – Vase |
| No_ember – November | |



**1** Sp, St oder Sch? Schreibe die Wörter.

| | |
|---|---|
| _iel – Spiel | _ere – Schere |
| _ift – Stift | _ern – Stern |

**2** tz oder z? Schreibe die Wörter.

| | |
|---|---|
| Ka_e – Katze | si_en – sitzen |
| Spa_ – Spatz | Sa_ – Satz |
| Hi_e – Hitze | pu_en – putzen |

**3** f oder Pf/pf? Schreibe die Wörter.

| | |
|---|---|
| Ko_ – Kopf | hü_en – hüpfen |
| _lanze – Pflanze | _egen – fegen |

**4** Mit oder ohne stummes h? Schreibe die Wörter.

| | |
|---|---|
| O_r – Ohr | Stu_l – Stuhl |
| Za_n – Zahn | za_m – zahm |

**1** Schreibe die Wörter in das magische Quadrat.
Achtung! Letzter Buchstabe = erster Buchstabe!

**2** Ergänze das Lösungswort.

Das war | k | l | a | s | s | e | !

1 2 3 4 5 6

**1** Ergänze die fehlenden Formen.

backen – ich backe | reißen – ich ______

nicken – du ______ | packen – du ______

rennen – er ______ | lecken – er ______

düngen – wir ______ | grüßen – wir ______

**2** Schreibe das Wort. Überlege dir zuerst die zweisilbige Form.

d / t ? Kin● das Kind

d / t ? Hun● der ______

b / p ? Kor● der ______

b / p ? hu●t sie ______

g / k ? spu●t es ______

**3** Wer? Wo? Warum?
Schreibe die passenden Fragewörter in die Lücken.

Da ist ein Hase. Wo denn?

Bei dem Baum da. ______ bleibt dein Hund so ruhig?

______ weiß schon, was ein Hund denkt?

## *Adjektive*

Mit Adjektiven kannst du Nomen genauer beschreiben.
Sie stehen zwischen Artikel und Nomen.

**1** Welcher Satz beschreibt die Lampe am besten? Kreuze an.

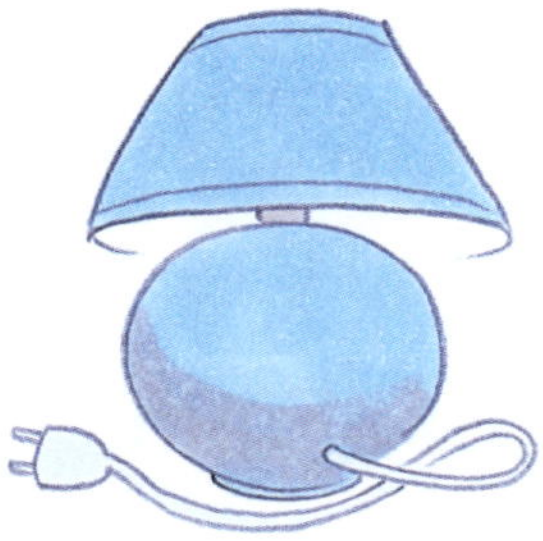

☐ Ich habe eine Lampe.

☐ Ich habe eine blaue Lampe.

☐ Ich habe eine blaue, runde Lampe.

**2** Unterstreiche die Adjektive in Aufgabe 1.

**3** Ergänze in der Satztreppe die fehlenden Adjektive.

~~schön~~ schön klein

Ein Igel lebt im Garten.

Ein Igel lebt im schönen Garten.

Ein Igel lebt im ________, ________ Garten.

**4** Ergänze in der Satztreppe die fehlenden Adjektive.

bunt bunt warm

Oma strickt eine Mütze.

Oma strickt eine ________ Mütze.

Oma strickt eine ________, ________ Mütze.

**1** Ergänze in den Treppen die fehlenden Adjektive.

Ich mag den Hund. | ~~lieb~~ lieb grau

☐ Ich mag den lieben Hund.

☐ Ich mag den ________ ,

________ Hund.

Ich will Nachtisch. | süß süß kalt

☐ Ich will ________ Nachtisch.

☐ Ich will ________ ,

________ Nachtisch.

Der Vogel hat Federn. | fein fein grün

☐ Der Vogel hat ________ Federn.

☐ Der Vogel hat ________ ,

________ Federn.

**2** Kreuze an, was jeweils gemeint ist.

## *Satzmodell*

Ein Satz besteht aus verschiedenen Bausteinen:

Das Verb bildet den Satzkern.

Ein Vogel singt im Baum.

**1** Kreise den Satzkern ein:

Ein Igel lebt im schönen Garten.

**2** Trage den Satzkern aus Aufgabe 1 in das Satzmodell ein.

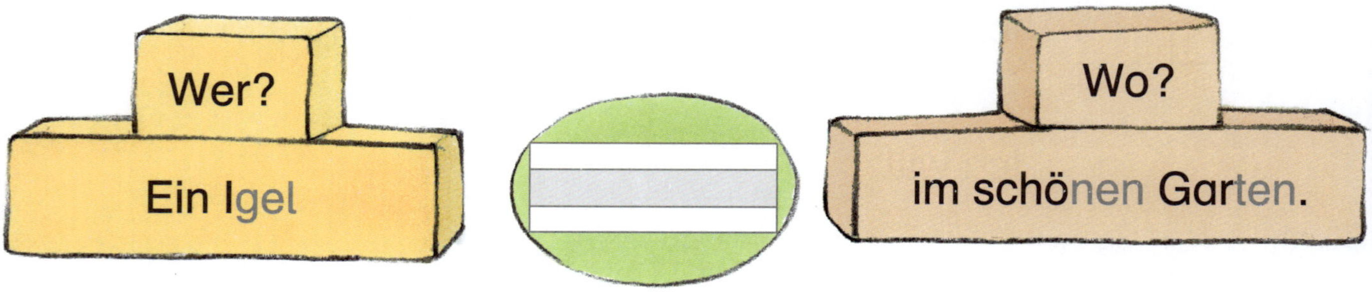


**3** Trage alle Bausteine in das Satzmodell ein.

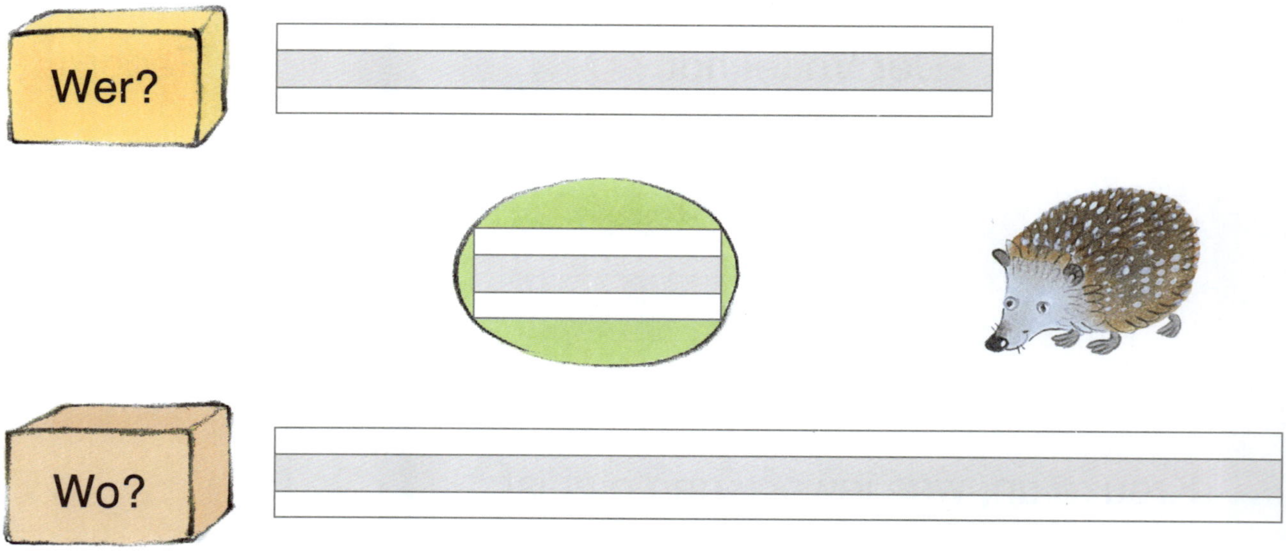

1 Kreise bei allen drei Sätzen den Satzkern ein.

2 Trage alle Satzbausteine ein.

**Der hungrige Igel sucht feine Käfer.**

Wer? Der hungrige Igel

Wen?
Was?

**Das braune Tier findet altes Obst.**

Wer?

Wen?
Was?

**Kleine Kinder sehen das satte Tier.**

Wer?

Wen?
Was?

## *Großschreibung*

Nomen schreibt man groß.
Am Satzanfang schreibt man groß.
Alles andere wird kleingeschrieben.

**1** Unterstreiche die Nomen in der Wörterschlange gelb.
Denke an die der-die-das-Probe.

**2** Schreibe die Nomen mit Artikel auf.

das Lama

**3** In dem Text ist alles kleingeschrieben. Unterstreiche alle Nomen im Text. Es sind acht Nomen.

im zoo sehen wir bären. die tiere sind alle müde und liegen auf den steinen und im gras. wir gehen weiter zu den löwen. die großen katzen warten auf das futter.

In dem Text ist alles kleingeschrieben und es fehlen die Satzpunkte.

1 Setze die vier Satzpunkte. Kreise sie ein.

2 Unterstreiche alle Nomen gelb. Es sind sieben Nomen.

3 Unterstreiche alle vier Satzanfänge schwarz.

eine ente badet im see. drei kinder essen eis

die oma trinkt kalten saft der wind ist heiß

4 Schreibe den Text richtig ab. Setze Satzpunkte.
Schreibe Satzanfänge und Nomen groß.

Eine Ente badet

## *Verkleinerungsform*

Bei der Verkleinerungsform ändern sich die Selbstlaute.

**a → ä** **au → äu** **o → ö** **u → ü**

**1** Aus groß mach klein. Schreibe die Verkleinerungsformen.

| | a → ä | | o → ö |
|---|---|---|---|
| Glas | Gläschen | Brot | |
| Hand | | Vogel | |
| Arm | | Wort | |
| Hase | | Dose | |

**2** Schreibe die Verkleinerungsformen.

| | au → äu | | u → ü |
|---|---|---|---|
| Maus | | Blume | |
| Baum | | Hut | |
| Haus | | Hund | |
| Zaun | | Gurke | |

**1** Schreibe die Verkleinerungsform.

a → ä  Affe  Äffchen  a → ä  Garten ____________

**2** Unterstreiche alle Nomen.

Es war einmal ein Affe, der trug immer einen Hut mit einer Blume. Er lebte in einem Haus auf einem Baum in einem Garten. Dort gab es auch einen Zaun mit einem Tor. Er hatte jedoch nie ein Wort darüber gehört, was hinter dem Tor war. Sollte er einmal nachschauen?

**3** Ersetze alle Nomen durch Verkleinerungsformen.

Es war einmal ein Äffchen, das trug immer ein ____________ mit einem ____________.

Es lebte in einem ____________ auf einem ____________ in einem ____________.

Dort gab es auch ein ____________ mit einem ____________. Es hatte jedoch nie ein ____________ darüber gehört, was hinter dem ____________ war. Sollte es einmal nachschauen?

**1** Schreibe Sätze.

| turnen jagen ~~tauchen~~ finden graben | im Sand Zebras Käse ~~im See~~ im Wald |
| --- | --- |

Enten tauchen im See.

Hunde

Affen

Löwen

Mäuse

**2** Ergänze die fehlenden Formen.

| gehen | | holen | |
| --- | --- | --- | --- |
| ich | | ich | |
| du | gehst | du | |
| er | geht | er | |
| wir | | wir | |

ich

du

er

wir

**1** Unterstreiche die zwei zusammengehörigen Nomen mit einer Farbe. Schreibe das zusammengesetzte Nomen mit Artikel auf.

| | |
|---|---|
| ~~weg~~ Bügel | Hals kuchen |
| eisen ~~Rad~~ | band Käse |

der Radweg

**2** Aus den drei Nomen kannst du zwei zusammengesetzte Nomen bilden. Schreibe sie mit Artikel auf.

Hand Tuch Tasche

die Handtasche

Apfel Baum Saft

Kinder Garten Wagen

Wind Rad Hund

**1** Ergänze die ich-Form.

machen ich mache

stellen ich

füllen ich

backen ich

**2** Alex beschreibt, wie man Kuchen macht.
Bilde Sätze und schreibe in der ich-Form.

den Teig machen

Ich mache den Teig.

den Teig in die Form füllen

die Form in den Backofen stellen

den Kuchen 40 Minuten backen

**1** Wo ist die Maus? Ergänze die Sätze.

unter neben hinter ~~auf~~

Die Maus ist auf dem Stuhl.

Die Maus ist __________ dem Stuhl.

Die Maus ist __________ dem Stuhl.

Die Maus ist __________ dem Stuhl.

**2** Die Tiere sind aus dem Schulzoo ausgebrochen.
Wo haben sie sich versteckt? Ergänze die Sätze.

auf

unter

hinter

~~neben~~

Das Kaninchen hockt neben der Kiste.

Der Wellensittich sitzt __________ der Gardinenstange.

Die Maus ist __________ der Blumenvase.

Der Hamster sitzt __________ dem Regal.

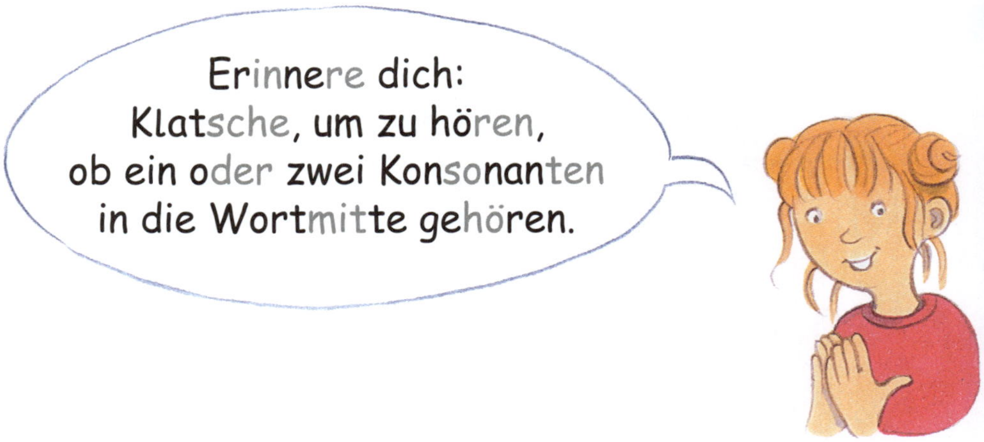


**1** Kommen ein oder zwei Konsonanten in die Mitte?

- s / ss ? Kä_e — Käse
- f / ff ? Lö_el
- b / bb ? Ga_el
- d / dd ? Nu_eln
- s / ss ? Wa_er

**2** Kommen ein oder zwei Konsonanten in die Mitte?

- k / ck ? ba_en — backen
- k / ck ? le_er
- s / ss ? be_er
- s / ss ? lei_e
- k / ck ? trin_en
- s / ss ? e_en

**1** Unterstreiche die Aufforderungsformen.

Bleibe im Garten!

Frage deine Mutter!

Füttere den Hamster!

Sage das Zauberwort!

Lerne für die Arbeit!

**2** Bilde Aufforderungssätze. Verwende am Satzende immer ein Ausrufezeichen (!).

~~nach Hause gehen~~ | die Treppe fegen | den Korb tragen

ein Glas holen | ein Bild malen | die Eier suchen

Gehe nach Hause!

## *i oder ie?*

Kommt in der 1. Silbe nach dem Vokal noch ein weiterer Buchstabe, schreiben wir i, z. B. **Winter**. Kommt kein weiterer Buchstabe nach dem Vokal, schreiben wir ie, z. B. **Spiegel**.

**1** In der 1. Silbe kommt ein Buchstabe nach dem Vokal. Schreibe die Wörter mit i.

| | 1. Silbe | 2. Silbe | | 1. Silbe | 2. Silbe |
|---|---|---|---|---|---|
| W_nter | Win | ter | K_nder | | |
| B_rne | | | f_nden | | |

**2** In der 1. Silbe kommt kein Buchstabe nach dem Vokal. Schreibe die Wörter mit ie.

| | | | | | |
|---|---|---|---|---|---|
| Sp_gel | Spie | gel | B_ne | | |
| sp_len | | | l_ben | | |

**3** i oder ie? Schreibe die Wörter.

| | | | | | |
|---|---|---|---|---|---|
| R_se | Rie | se | W_se | | |
| s_ben | | | Z_ge | | |
| T_nte | | | B_lder | | |

## *Wörter mit -ine*

Wörter mit mehr als 2 Silben, die oft auf -ine enden, schreibt man nur mit i, z. B. **Lawine**.
Diese Wörter kommen alle aus anderen Sprachen.

**1** Schreibe die Wörter mit -ine.

Law — Lawine

Masch

Gard

Ros

Delf

Margar

**2** Welches Wort mit -ine passt?

Limousine

~~Limous~~

Sard

Ru

Apfels

Pral

Pingu

**1** Trage die Bausteine in das Satzmodell ein.

**Der müde Junge** **sucht** **sein blaues Auto.**

Wer? Der müde Junge

Wen? Was?

**2** In dem Text ist alles kleingeschrieben. Setze die Satzpunkte. Unterstreiche die vier Nomen. Schreibe den Text richtig ab.

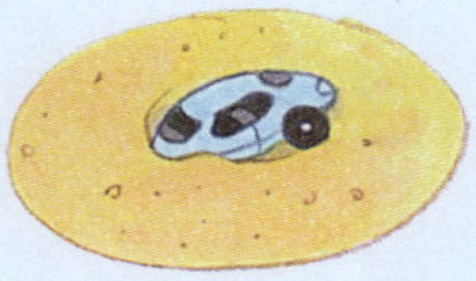

die kinder spielen im garten sie graben im sandkasten dort finden sie das blaue auto

Die Kinder

**3** Schreibe die Verkleinerungsformen mit -chen.

| | | | |
|---|---|---|---|
| Hand | Händchen | Brot | |
| Hut | | Baum | |
| Haus | | Affe | |

1 Wo ist was? Ergänze die Sätze.

Der Teddy ist auf dem Regal.

Der Dino ist ______ Aquarium.

Die Stelzen liegen ______ dem Regal.

Der Würfel liegt ______ dem Teddy.

2 Bilde Aufforderungssätze!

im Garten bleiben
den Weg fegen
die Blumen gießen
den Hund füttern

Bleibe im Garten!

______

______

______

3 i oder ie? Schreibe die Wörter.

B●ne Biene
s●ngen ______
Law●ne ______
T●re ______
l●ben ______
W●nter ______

## *chs-Wörter*

In manchen Wörtern hören wir ein x, schreiben aber chs.

**1** Schreibe die Wörter mit chs.

Die (Eide e) Eidechse sonnt sich auf einem Stein.

(O en) ________ sind Rinder.

Es sind (se ) ________ Eier im Karton.

Manche Kinder (wa en) ________ schnell.

**2** Welches Wort mit chs passt?

| ~~Da~~ | La | Fu | Lu |
|---|---|---|---|

Dachs

________

________

________

## *Satzschlusszeichen*

Am Ende des Aussagesatzes steht ein Punkt.
**Du kommst mit.**

Am Ende des Fragesatzes steht ein Fragezeichen.
**Kommst du mit?**

Am Ende eines Aufforderungssatzes steht ein Ausrufezeichen.
**Komm mit!**

**1** Unterstreiche Punkt, Fragezeichen und Ausrufezeichen.

Kommst du mit ins Kino?

Welchen Film wollt ihr sehen?

Wir schauen uns den Piratenfilm an.

Frag Jasmin, ob sie mitkommt!

**2** Setze die richtigen Satzschlusszeichen ein.

## *Wörter mit V/v*

Manchmal hörst du ein F oder W, musst aber V schreiben. Diese Wörter musst du dir merken!

**1** Schreibe alle V-Wörter in die richtige Spalte.

November voll Vater Klavier ~~Vase~~ Vampir

~~Vogel~~ Vulkan vier brav Lava viel

| **V wie F** | **V wie W** |
|---|---|
| Vogel | Vase |
| | |
| | |
| | |
| | |
| | |

**2** Welche Wörter mit V/v werden gesucht?

gefüllt voll

Mutter und …

drei … fünf

nicht wenig

**1** Sp/sp oder St/st? Schreibe die Wörter.

 inne Spinne

 ern

 ein

 ift

 iel

 echt

**2** Welches Verb mit sp oder st wird gesucht?

ein Spiel machen spielen

Geld nicht ausgeben

reden

ähnlich wie hüpfen

an einer Stelle bleiben

etwas aufeinanderlegen

das kann die Biene

sprechen
stehen
~~spielen~~
springen
stapeln
stechen
sparen

**1** Klatsche die Wörter und schreibe sie in die Kästchen.

| | | | | | |
|---|---|---|---|---|---|
| Ka__e | Kat | ze | Ta__e | | |
| si__en | | | Hi__e | | |
| pu__en | | | kra__en | | |

**2** Welche Wörter mit tz werden gesucht?

| | |
|---|---|
| kleiner Vogel | Spatz |
| offene Fläche in der Stadt | |
| mit einer Karte findbar | |
| endet mit einem Punkt | |
| … und Donner | |
| auf einmal | |

Platz
Satz
Schatz
Blitz
~~Spatz~~
plötzlich

**1** Schreibe die Wörter mit Pf oder pf.

| | | | |
|---|---|---|---|
| ◯laume | Pflaume | Zo◯ | |
| ◯lanzen | | hü◯en | |
| ◯erd | | Ko◯ | |
| ◯legen | | Kram◯ | |
| ◯ote | | stam◯en | |

**2** Welche Wörter mit Pf oder pf werden gesucht?

| | |
|---|---|
| hat Wurzeln und Blätter | Pflanze |
| sitzt auf deinem Hals | |
| Wasser auf der Straße | |
| Fuß einer Katze | |
| ähnlich wie Socke | |
| Mantelverschluss | |
| kleiner Weg | |

Kopf
Pfote
~~Pflanze~~
Strumpf
Pfad
Pfütze
Knopf

## *Wortfeld*

Wortfelder bestehen aus Wörtern, die eine ähnliche Bedeutung haben. Sie helfen dir, das treffende Wort zu finden und dich abwechslungsreich auszudrücken.

**1** Immer drei Wörter gehören zu einem Wortfeld. Ordne zu.

knabbern rufen ~~fragen~~ fressen naschen meinen

| **sagen** | **essen** |
| --- | --- |
| fragen | |
| | |
| | |

**2** Immer drei Wörter gehören zu einem Wortfeld. Ordne zu.

eilig ~~winzig~~ zierlich flink hastig gering

| **klein** | **schnell** |
| --- | --- |
| winzig | |
| | |
| | |

**1** Schreibe die Wörter zum passenden Beispielsatz.

| wandern | ~~springen~~ | hinken | rennen |
|---|---|---|---|

**Wortfeld gehen**

| | |
|---|---|
| in die Pfütze … | springen |
| durch den Wald … | |
| nach dem Unfall … | |
| schnell nach Hause … | |

**2** Welches Wort passt? Ergänze.

| ~~erzählen~~ | bemerken | flüstern |
|---|---|---|

Yusuf erzählt von seinem Urlaub.

| erzählen | antworten | rufen |
|---|---|---|

Felix ______ sein Pferd.

| speisen | knabbern | probieren |
|---|---|---|

Der Hamster ______ an der Möhre.

## *Das stumme h*

In einsilbigen Wörtern, die auf l, m, n, r enden, steht vor dem letzten Buchstaben meistens ein h. Dieses h sprechen wir nicht.

**1** Schreibe die Wörter mit stummem h.

Stuhl Zahn Uhr Huhn
Jahr Kohl Zahl ~~Ohr~~

 Ohr

 ____

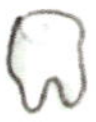 ____

 ____

 ____

 ____

 ____

 ____

**2** Welche Wörter mit stummem h werden gesucht?

Sohn Lehm ~~zahm~~ Rohr

Der Hase ist zahm.

Die Mutter lobt ihren ____.

Der Ziegel ist aus ____.

Unter der Straße wird ein ____ verlegt.

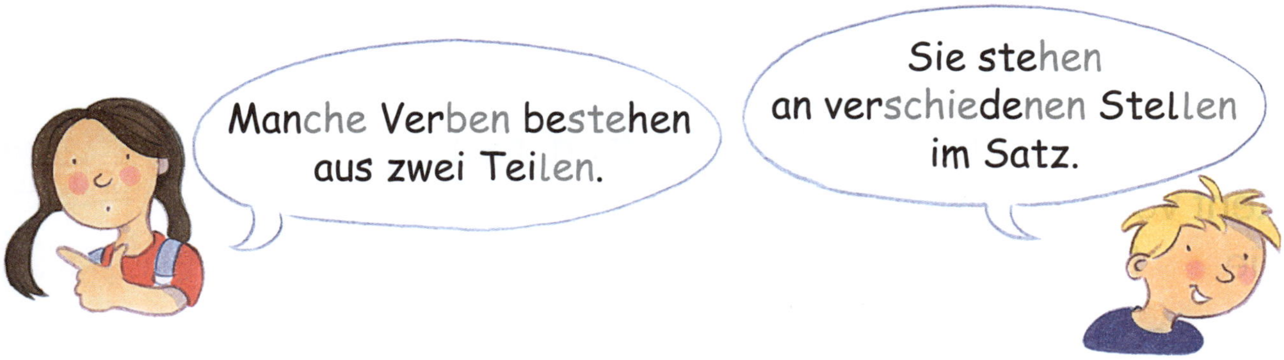


**1** Schreibe die er-Form.

| | |
|---|---|
| vorlesen | Er liest vor. |
| aufwachen | |
| einschenken | |
| vorgehen | |

**2** Vervollständige die Sätze.

drängelt   kauft   ~~schläft~~   wacht

~~ein~~   ein   auf   vor

Der Hund schläft sofort ein.

Im Traum ______ er in einem Supermarkt ______.

Aber an der Kasse ______ sich ein Dino ______.

Verwirrt ______ der Hund wieder ______.

**1** x oder chs? Schreibe die Wörter.

 Da◯ Dachs

 La◯ ______

 Fu◯ ______

 Wa◯ ______

**2** Trage die Schlusszeichen richtig ein.

Besuchst du mich am Samstag ?

Ich muss erst meine Eltern fragen ☐

Frage sie gleich nach der Schule ☐

Was willst du denn machen ☐

Es soll eine Überraschung sein ☐

**3** F, W oder V? Schreibe die Wörter.

 La◯a Lava

 ◯ulkan ______

 ◯ogel ______

 Kla◯ier ______

 ◯eder ______

 ◯ase ______

No◯ember ______

**1** Sp, St oder Sch? Schreibe die Wörter.

 …iel Spiel

 …ere

 …ift

 …ern

**2** tz oder z? Schreibe die Wörter.

Ka…e Katze

si…en

Spa…

Sa…

Hi…e

pu…en

**3** f oder Pf/pf? Schreibe die Wörter.

Ko… Kopf

hü…en

…lanze

…egen

**4** Mit oder ohne stummes h? Schreibe die Wörter.

 O…r Ohr

 Stu…l

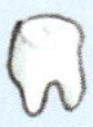 Za…n

 za…m

**1** Schreibe die Wörter in das magische Quadrat.
Achtung! Letzter Buchstabe = erster Buchstabe!

**2** Ergänze das Lösungswort.

Das war ☐ ☐ ☐ ☐ ☐ ☐ !

1 2 3 4 5 6